Las Aventuras de Bob el Cabezón

Por David Bradley

Las Aventuras de Bob el Cabezón. Todos los derechos reservados.
Copyright © David Bradley

Ninguna parte de este libro puede reproducirse en ninguna forma, ser almacenada en un sistema de recuperación, ni transmitirse de ningún modo por cualquier medio electrónico, mecánico, fotocopia, grabación, u otro, sin el permiso escrito del autor. Sin embargo, los críticos pueden citar partes del libro para reseñas. Por favor contactar al autor al info@bigheadbob.com

Un día Bob el Cabezón
Estaba llorando un montón

Le decía a su madre, aquejado,
"Mi cabeza es un problemazo:

La gente me está tratando
Como un juguete gastado

Quisiera poder ser
Un niño normal otra vez".

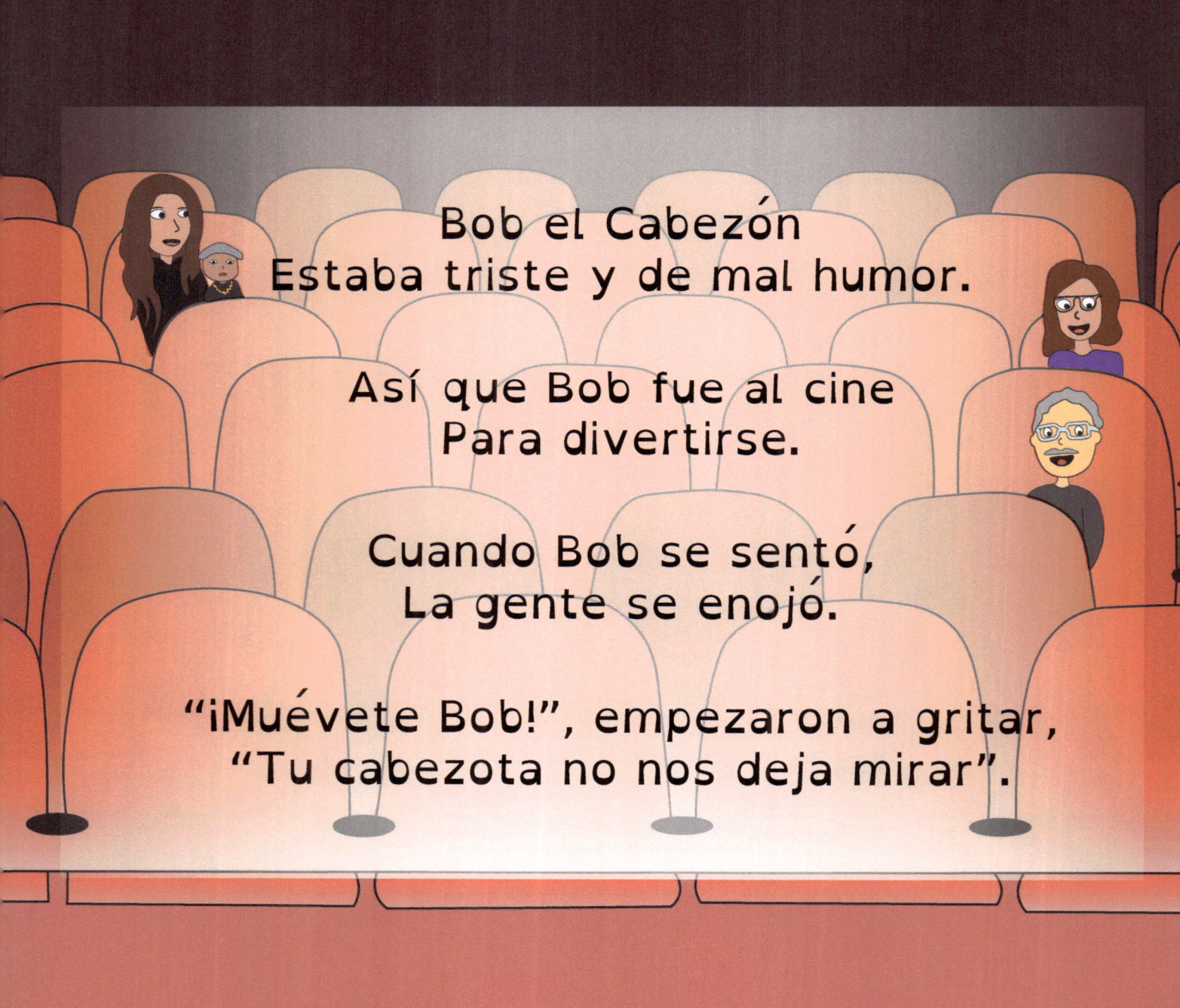

Bob el Cabezón
Estaba triste y de mal humor.

Así que Bob fue al cine
Para divertirse.

Cuando Bob se sentó,
La gente se enojó.

"¡Muévete Bob!", empezaron a gritar,
"Tu cabezota no nos deja mirar".

"Oh no, que tristeza tengo"
Bob se decía, sin aliento.

"Quizás si a la playa voy
Me sentiré mucho mejor".

Bob llevó su cometa a la playa
Y con muchas ganas empezó a armarla.

Cuando pidió ayuda para terminar
Los niños rudos cubrieron su
cabeza con la arena del mar.

Ahora, esto puede parecerte
Una historia un poco sorprendente,

Pero Bob el Cabezón
No es muy bueno con el balón.

Si Bob quería jugar una partida
Nadie le daba la bienvenida.

Los niños gritaban "¡Muévete Bob!"
No podemos ver por tu enorme cabezón.

Bob el Cabezón
Fue a darse un chapuzón.

"Quiero ver los peces y nadar"
Decía Bob intentando bucear.

Bob gritó mientras se hundía
en el agua lejos de la orilla.

Bob estaba en el fondo del mar
Y por su cabezota no podía flotar.

Bob el Cabezón
Estaba lleno de frustración.

"Debo transformar
En fortaleza mi debilidad"

"Ya estoy cansado
de ser molestado.

Es tiempo de cambiar
Y de aprender a meditar."

En el cine, Bob pensó
Que sentarse atrás sería mejor,

Una niña se sentó a su lado
Y le ofreció palomitas de regalo.

Ahora Bob y los demás
Pudieron ver la película

Y Bob el Cabezón
Llenó de alegría su corazón.

Empate y sobretiempo,
El entrenador puso a Bob en el juego.

A solo un gol decisivo
Todos decían su nombre a gritos.

Al pensar con claridad
Se paró frente al arco con seguridad.

¡Segundos después, el balón rebotó
sobre su cabeza y anotó el gol!

Bob el Cabezón quería
alegrarle a alguien el día.

Así que pensó en usar su cabeza
Como si fuera una sombrilla.

¡Wao, Bob,
Que buen uso de tu cabezón!

Me encantaria ser tu amigo
Y hacer cosas divertidas contigo

"La vida es una montaña rusa
Con muchas victorias y luchas.

Siempre debo hacer mi mejor esfuerzo
con una sonrisa y sin fruncir el ceño.

"Mantente positivo y respira"
Me diré todos los días

Nunca he tenido un día tan loco
¡Esto es tan maravilloso!

Glosario
Mientras más sabes, mejor.

Sobbing Aquejado: Es cuando lloras muchísimo. Las lágrimas van bajando por tu cara y eso está bien. Estás sintiendo muchas emociones. Cuando terminas de llorar, ¡te sientes más fuerte!

De mal humor: Cuando estás de mal humor es importante que te des cuenta que esto es normal. Estas emociones son temporales. Respira profundo y habla con alguien que esté a tu lado. No te preocupes, no estás solo o sola.

Niños rudos: Son las personas que se sienten mal y quieren que te sientas mal también. Estarás más feliz cuando entiendas su punto de vista, ya que este es su objetivo. Sé fuerte y pide ayuda cuando un niño rudo te esté molestando.

Sorprendente: ¡Es algo que te sorprende muchísimo! A algunas personas les gusta esto y a otras no.

Baba Booey: Cuando la gente grita "Baba Booey" es cuando alguien está haciendo el ridículo o está siendo una distracción.

Hundir: Los barcos usan anclas que son objetos metálicos bien pesados, para que el barco se mantenga estable. La cabezota de Bob era como un ancla.

Bucear: Se refiere a cuando usamos un SCUBA o un aparato para poder respirar bajo el agua para ver los peces y las criaturas marinas.

Molestado y frustrado: Trata de entender qué te molesta y luego busca una manera de estar más feliz. Cálmate, relájate e inténtalo de nuevo.

Transformar: Sé como Bob y transforma esos sentimientos negativos en sentimientos positivos. Solo necesitas usar tu cabeza, no importa el tamaño que tenga.

 **Cambiar:** Es cuando creces y cambias, como una mariposa. Quizás haya dolor cuando crezcas pero esto puede terminar en un gran cambio si tienes paciencia.

 **Meditar:** Es la práctica de calmar tus pensamientos y tu mente. Cuando aclaras tu mente, puedes recargarte para cualquier situación.

 **Fortaleza:** Es poder. Poder para tu mente, tu cuerpo y tu alma.

 **Debilidad:** Es cuando no estás en tu mejor postura. Puedes ser más fuerte cuando practicas la paciencia y la creatividad todos los días.

 **Compartir:** Es ofrecer lo que tienes con otra persona. Una forma fácil de recordar porque hacemos esto es, "compartir es cuidar". Debemos cuidarnos unos a otros.

Ser consciente: Ser consciente de lo que está a tu alrededor afecta a los demás y puede tener un gran impacto. Cuando Bob se sentó en la parte de atrás en el cine, su cabeza ya no era una distracción y eso ayudó a todos, incluyendo a él mismo.

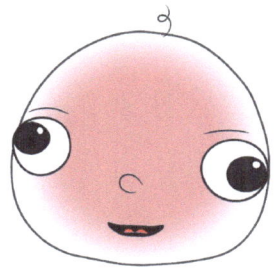

Pensar con claridad: Al pensar con claridad, Bob se movió más cerca del gol y ile dio a su equipo un mejor chance para ganar! En la vida, el cambio más pequeño puede hacer una gran diferencia.

Imaginación: La cabeza de Bob es tan grande... ¿QUE TAN GRANDE ES? Cuando el sol brillaba, su cabeza era como una sombrilla, dándole sombra a otros. Es posible que la causa de tu problema pueda ser tu solución. Usa tu imaginación.

Loquísimo: ¡Es algo muy, muy, muy loco!

Acknowledgements

Bebé Joaquín, eres la inspiración para este libro. Cuando te dije esto con solo 3 meses de edad, respondiste rápidamente al escupir mi camisa. ¡No pasa nada, bebé! Eres la pieza central de nuestra familia y una inspiración. Haremos que te sientas orgulloso de nosotros.

La primera página de este libro es una memoria real de mi madre cuando yo era un niño. Ocasionalmente, yo era excusado de la clase de gimnasia debido a que tenía que tomar clases de tutoría. En esas noches de escuela, le decía a mi mamá llorando, "desearía ser un niño normal". Ella me ha recordado esa historia muchas veces durante los últimos 20 años y me dice, "Mírate ahora". Te amo, mamá.

Mis hermanos, Neal, Bryan y Gabe, ustedes son los mejores. Juntos hemos podido identificar nuestras debilidades y ayudarnos unos a otros a transformarlas en fortalezas. Les amo y no sería yo sin ustedes.

A mis primos, dedico este arte a ustedes esperando que les sea de inspiración. Son inteligentes, amables y una reflexión brillante de sus padres. Asher, Eden, Ella y Ruby, Eli y Zachary, Gabe, Judah y Noah. Adina, Eliana, Roie y Yoni.

A los niños y niñas...Ivy, Chloe, Lilah and Sadie, Crosby and Jude, Isaac, Jaxon, Lee and Micah, Roman, Ace, Violet, Maxwell, Benny and Ava, Aria and Tony, Rocky and Alaia, Leni, Jayden, Ryder and Penelope, Rena, and Giuliana.

Gracias, Param Srivastava por hacer estas ilustraciones tan brillantes conmigo. Estos dibujos llenan de gozo a todo el mundo.

Finalmente, te quiero dar las gracias a ti. ¡SÍ A TI! Como mi abuela Ethel solía decir, "Te deseo salud, felicidad y todo lo que esta vida pueda ofrecerte"

@BigHeadBob

/iamBigHeadBob

BigHeadBob

@iamBigHeadBob

www.BigHeadBob.com

www.ingramcontent.com/pod-product-compliance
Lightning Source LLC
Chambersburg PA
CBHW042256100526
44589CB00002B/36